让孩子自主学习的父母话术

王荣华 著

天津出版传媒集团
天津科学技术出版社

图书在版编目（CIP）数据

让孩子自主学习的父母话术 / 王荣华著. -- 天津 : 天津科学技术出版社, 2022.9

ISBN 978-7-5742-0485-0

Ⅰ. ①让… Ⅱ. ①王… Ⅲ. ①儿童教育－家庭教育 Ⅳ. ①G782

中国版本图书馆CIP数据核字(2022)第157307号

让孩子自主学习的父母话术

RANG HAIZI ZIZHU XUEXI DE FUMU HUASHU

责任编辑：李晓琳

出　　版：天津出版传媒集团
　　　　　天津科学技术出版社

地　　址：天津市西康路35号

邮　　编：300051

电　　话：（022）23332695

网　　址：www.tjkjcbs.com.cn

发　　行：新华书店经销

印　　刷：唐山市铭诚印刷有限公司

开本 880×1230　1/32　印张 5　字数 75 000

2022年9月第1版第1次印刷

定价：36.00元

前言

PREFACE

许多父母看见孩子不爱学习，在学习时一遇到困难便逃避，就忍不住唠叨，可是孩子听完父母的唠叨后，非但没有任何改变，反而更不爱学习了，这令父母感到更加焦虑。到底是哪里出了问题呢？

你可以仔细回顾一下，在与孩子沟通的时候，你的情绪是不是非常不稳定，急切地想要孩子按照你的想法去做，还常常说出粗暴的话语？父母望子成龙的急切心情可以理解，但是在教育和引导孩子时，一定要注意方式方法，尤其要注意沟通交流时的话术。

良好且有效的话术能够帮助孩子健康成长，不良且无效的话术会让孩子反感，滋生叛逆心理。比如父母说话带有指责、埋怨、质问、说教、嘲讽等语气，不仅会打消孩子学习的积极性，还会让孩子变得消极、不自信，这对他们的身心成长极其不利。所以父母要杜绝说出伤害孩子自尊心、打击孩子自信心的话语。例如，父母在辅导孩子学习时，难免会情绪失控，这时一定要先稳定自己的情绪，再思考孩子的问题究竟出在哪里，最后用正面的、积极的话语和孩子沟通，尝试给孩子正确的引导，这样才能真正有效地帮助到孩子。

本书囊括了孩子在学习中常遇到的问题，如孩子不想去学校、不自主学习、写作业不用心、总是学了就忘、考试时紧张、边学边玩等。当出现这些情况时，家长可以翻开本书，书中提供了一些比较合理的话术建议，能够帮助你和孩子有效、和谐地沟通，从而建立良好的亲子关系，让孩子正视学习中遇到的问题，重视学习。

当父母和孩子建立起平等的对话关系时，亲子沟通的效率就会提高，父母提出的帮助孩子解决学习问题的建议才会被孩子接受；孩子的学习问题得以解决，学习状态就会慢慢改善，孩子就会更喜欢学习，更热爱学习。

目录

CONTENTS

Chapter1

让孩子专心上课的话术

上课动来动去不专心

有的孩子上课总喜欢东张西望，坐在座位上要么扭来扭去，动动胳膊动动腿，要么玩东西，要么打扰别的同学，老师提醒后没过一会儿又开始做各种小动作，总是不能认真听讲。有些父母得知孩子在课堂上的这些表现后，就会很不耐烦地说：

- “老师说你上课总是坐不住，是不是这样？”
- “你懂不懂遵守课堂纪律，不知道动来动去会影响别的同学听课吗？”

- “老师讲的知识你都会了吗？上课的时候能不能安静点儿！”
- “你这孩子是不是有多动症，走，带你去看看医生。”
- “你都这么大了，能不能管好自己，别让爸爸妈妈跟着操心！”

如果父母用上述话语批评、指责孩子，孩子就会产生这样的感受：“爸爸妈妈听老师的。”“我也不是故意打扰同学的，爸爸妈妈就知道责怪我。”“我听不进去，我就是不喜欢上课。”孩子甚至还会产生“爸爸妈妈对我没耐心，他们不管我了”的自暴自弃心理。

其实，孩子多动是有原因的，主要受自身注意力、外部环境和遗传因素的影响，比较常见的原因有以下4点。

1 孩子上课注意力不集中，不能专心听老师讲课。

2 孩子不能安安静静地坐下来，一安静下来就难受。

3 孩子的无意识行为，并非故意要扰乱课堂纪律。

4 孩子不能专心听课导致其学习困难，上课听不懂，不喜欢上课。

父母若听到老师反映孩子在课堂上小动作多，就要结合平时对孩子的观察，找到真正导致孩子多动的原因，引导孩子克服并改正，而不是用不耐烦的情绪应付。父母可以这样说：

- “我听老师说你在课堂上比较爱动，真的是这样吗？”
- “是不是上课时身体不舒服，可以和爸爸/妈妈说说吗？”
- “爸爸/妈妈知道你不是故意做小动作，也不是故意影响别的同学听课。你愿意改正吗？”
- “如果你不专心听讲，就会错过老师讲的知识点哦！”
- “如果你总是动来动去，就会跟不上老师的讲课进度，就会做不好作业，考试成绩就不会好，你一定不想这样吧？”

- “在课堂上做小动作，会影响老师讲课的心情，耽误大家的时间。”
- “做小动作或与同学交头接耳，会影响别的同学听课的。”
- “如果大家都不遵守课堂纪律，都做小动作，那老师就没法上课了，你说对不？”
- “课堂是老师讲课、学生学知识的地方，上课前要提醒自己专心听老师讲课。”
- “上课的时候要努力克服自己的小动作，集中注意力，跟上老师的讲课进度。”

父母用认真的态度、郑重的话语跟孩子沟通，能让孩子真正意识到自己的问题，这样孩子不但不会自暴自弃，还会努力改正不好的课堂表现，认认真真地听课。

课堂上开小差

有的孩子上课时看起来很安静，不会动来动去，也不会与同学交头接耳，但常常出现发呆、思绪不在课堂上的情况。老师提醒后，孩子只能专心听讲一小会儿，然后思绪就又“飞走”了。父母担心孩子课堂上开小差会影响学习，就指责孩子说：

“老师在课堂上讲得绘声绘色，你倒好，没有一句认真听的！”

“别的同学都能认真听课，就你上课不知道在想啥！”

- “真不知道你的脑袋瓜里装的是什么！”
- “上课不认真听讲，看你考试怎么办！”
- “我告诉你啊，不要让我再听到老师说你上课开小差！”

以上话语会让孩子产生这样的感受：“没认真听课都是因为我笨，爸爸妈妈也觉得我很笨。”“别的同学都比我聪明。”“开小差都是我的错。”“我考试一定考不好。”父母指责性的话语只会让孩子产生消极情绪，进而感到自卑，对自己的学习不自信。

因此，父母在听到老师反馈说孩子上课总是注意力不集中、开小差时，首先要分析孩子为什么上课开小差。

1 孩子对老师讲的内容没兴趣，不能吸引他的注意力。

2 老师讲课枯燥乏味，孩子不喜欢。

3 孩子的理解能力差，反应慢，跟不上老师的讲课节奏。

4 孩子的注意力涣散，容易被突如其来的想法影响。

5 孩子的学习效率低，学习成绩不好，不喜欢学习。

6 家庭环境给孩子的情绪、心理造成了不好的影响。

综上，导致孩子上课开小差的原因有很多，有主观方面的注意力不集中、理解能力差、不喜欢学习，也有客观方面的老师讲课不能吸引孩子的注意力、孩子在家庭生活中遇到了不开心的事情。父母不要一听到孩子没有专心听课就把责任都归结到孩子身上，而应根据对孩子的了解和实际情况，让孩子意识到自己上课时的表现和这些表现可能带来的后果，父母可以这样说：

- “最近老师反映说你上课的时候常常走神儿，你注意到了吗？”
- “你觉得老师上课讲的内容怎么样？”
- “你在上课的时候是不是忽然想起了什么重要的事情？能举个例子说说吗？”
- “你是不是最近感到不开心？能跟爸爸妈妈说说吗？”

- “上课不用心，下课就要花更多的时间去补课。”
- “上课听讲效率低，考试就会考不好。你一定也想考个好成绩吧？”
- “上课前提醒自己把注意力全部放在课堂上，专心看老师的动作，专心听老师讲的内容。”
- “上课时用心听，每个环节都有精彩的内容，其他事情都放在课后再去想。”

父母用关心、积极的话语和孩子沟通，帮孩子解决问题，孩子才会意识到上课注意力不集中的危害，进而有意识地改掉坏习惯，把注意力全部放在学习上。

课堂上回答问题不积极、没秩序

在课堂上老师要求孩子们发言时，常常会出现两种现象：有的孩子埋着头、闷不吭声，一点儿发言的欲望都没有；有的孩子不等老师把话说完就从座位上跳起来，边说“老师，我——我——我”，暗示老师点名，甚至有的孩子干脆就把答案说了出来。

对于闷头不发言的孩子，父母就会着急地质问孩子：

“你上课怎么不爱回答老师的问题呢？听老师说，你们班某某总是积极回答问题，答得又快又好。”

对于不举手就抢答的孩子，父母往往会不假思索地指责孩子：

"回答老师的问题时，你怎么就不知道举手呢？"

"你都把答案说出来了，别的同学连思考的时间都没有了！"

父母在引导孩子时，如果不考虑孩子的感受就直接批评孩子，孩子就会觉得"爸爸妈妈一点儿都不了解我，也不懂我的感受""爸爸妈妈喜欢别人家的孩子""我积极回答老师的问题也不对吗？爸爸妈妈真多事"。因此，父母在鼓励孩子积极回答老师的问题前，要先了解他们不愿回答或着急回答问题的真实心理。

孩子闷头不发言可能有以下原因。

1 老师问的问题有点儿难，孩子不会。

2 孩子不太确定答案对不对，担心回答错了会被同学嘲笑。

3 孩子觉得老师问的问题太简单了，懒得回答。

4 孩子性格内向，不喜欢在人多的场合讲话。

孩子不举手就抢答可能有以下原因。

1 孩子没有考虑其他同学的想法。

2 孩子举手了但没有被老师点名，有点儿着急，就直接把答案说出来了。

了解了孩子的真实心理后，父母可以根据孩子在课堂上的表现进行引导。

对于闷头不发言的孩子，父母可以这样说：

- “最近听老师说，你在课堂上不爱发言，真的是这样吗？”
- “即使答错了也没关系，老师会帮助你的哦！”
- “只有积极回答，老师才能知道你对知识的掌握情况啊。”

- “尝试在公共场合讲话，一次发言不好那就下次再来，你会发现发言其实没有想象的那么难！”
- “如果你能积极主动地回答老师的问题，那老师一定会感到很欣慰。”
- “用清晰的话语完整表达出你的想法，得到认可时会获得大家的掌声，你一定会喜欢这种感觉的哦！”

对于不举手就抢答的孩子，父母可以这样说：

- “老师说你回答问题积极又主动，但好几次都不举手就抢先回答了，是怎么回事呢？”
- “换位思考一下，如果你还在思考怎么回答，而别的同学已经把答案说出来了，你的心情肯定烦躁又无奈，对不对？”
- “如果大家都抢先回答，不遵守课堂纪律，那课堂就会乱作一团了！”

- “只要举手了，老师都能看到，不要着急，总会轮到你发言的！”
- “在大家都举手的时候，老师其实在观察谁更有耐心，你一定也想成为一个有耐心的人吧？”
- “老师话音落后多思考几秒钟，举手后得到老师的允许再回答，老师喜欢遵守课堂纪律的孩子。”

父母通过以上话语引导和帮助孩子，孩子便会知道在课堂上回答老师的问题时，哪些是好的表现，哪些是不好的表现，并且会自觉遵守课堂纪律，积极地表现，从而更加热爱学习，表达能力也会得到提升。

听不懂，跟不上老师的讲课节奏

有的孩子上课时会出现听不懂的状况，因为听课效率直接关系到孩子的学习质量，所以父母一听到孩子说跟不上老师的讲课节奏、听不懂时，就会十分着急：

- “上课没听懂，下课你不会主动问老师吗？”
- “你怎么这么笨！别的同学都能听懂，为啥你听不懂？”
- “这才上小学就跟不上了，以后可怎么办？”
- “一堂课跟不上，后面节节都跟不上。”

当孩子听到父母带有责备的话语时，容易陷入自责又无助的境地：“别的同学都听懂了，只有我没听懂，一定是我太笨了。”“都怪我反应慢，理解不了。”“落下的功课该怎么补？”这时孩子也容易产生自暴自弃的想法：学习这么难，不如放弃算了。

父母的责备会给孩子带来消极的影响，不利于孩子的学习。所以，如果孩子出现在课堂上跟不上、听不懂的状况，父母不要总是责备孩子，不妨先关切地询问一下孩子听不懂的原因，看看问题到底出在哪里。

- “老师在课堂上讲的内容你能听懂吗？能不能跟上老师的讲课节奏？”
- “你可以先说说是听不懂还是没搞清楚？”
- “哪些内容听懂了，哪些内容没听懂？”
- “是不是上课的时候走神儿了？”
- “是老师讲得太快了，你没跟上吗？”
- “上课之前预习了吗？”

然后，父母再根据孩子的回答逐步进行分析。

1 如果孩子是整堂课都没听懂，认为老师讲的内容都太难了，那通常是因为没有提前预习。

2 如果孩子只是有部分内容没听懂，那可能是因为：第一，孩子在听课的过程中走神儿了，导致后面的内容没跟上；第二，旧知识没学透彻，导致上课遇到难以理解的内容，进而听不懂、跟不上；第三，孩子对所学的知识，还没有构建起知识框架。

分析完原因后，父母可以尝试这样对孩子说：

- “今天的课可能有点儿难度，别怕，我们现在抓紧复习一下，也能赶上进度。”
- “对于较难的科目，一定要提前预习。这样上课的时候就能顺利很多哦！”
- “上课的时候要专心致志地听老师讲课，有些分心时就提醒自己赶快把思绪收回来。”

- “上课时遇到似懂非懂的问题，记得做好标注，等下课后仔细研究。”
- “对于课堂上没听懂的内容，一定要举手问老师，或下课后请教老师。不要怕麻烦老师，比起落下课程、学习成绩变差，请老师再讲一遍及时补救要好太多！”
- “大多数同学都只能接收课堂上90%的内容，剩下的10%需要课后巩固。所以课后需要更加勤奋地复习。”

孩子听到父母鼓励的话语，就能避免被消极情绪所困扰，积极地面对并及时补救落下的课程，不至于耽误学习。

Chapter2

引导孩子自主学习的话术

认真预习，听课时才会充满期待

孩子做完作业后，父母都希望孩子能花十几分钟预习一下第二天的课程，可孩子要么是翻开课本看一眼应付差事，要么就是跑去玩了。面对孩子忽视预习甚至不喜欢预习的情况，父母常常会苦口婆心地说：

- “让你预习是为了提高听课效率，都是为了你好！”
- “课前不预习，课上听不懂能怪谁？”
- “不想预习可不行，这事没得商量！”
- “预习怎么就耽误你玩了，难不成我们还会害你吗？”

“让你预习功课是为了培养你的自主学习能力，对你只有好处没有坏处！”

以上话语会带给孩子这样的感受：“爸爸妈妈天天逼着我预习，真烦人。”“我不知道该怎么预习。”“既要写作业又要预习，学习可真累。”“预习能有多大效果，我才不想浪费时间呢。”

尽管我们知道预习对孩子的学习有诸多好处，比如可以提高孩子的听课质量，让孩子养成自主学习的好习惯，但孩子不了解、不主动预习仍然起不到任何作用。所以，父母与其督促、强行要求孩子预习，不如先了解孩子的真实想法，找一找孩子不愿意预习的原因。

1 孩子认为没有必要预习，反正第二天上课老师都会讲。

2 孩子不知道该怎么预习，之前的预习体验不仅没起到作用，还占用了很长时间，孩子觉得预习占用了他的玩耍时间。

3 孩子完成作业后感到疲惫，没有精力去预习。

4 孩子本身对学习的兴趣不高，更加排斥花时间预习。

根据以上分析，父母在提醒孩子预习之前，可以想一想怎么用引导的口吻，告诉孩子预习的好处和方法，父母可以这样说：

- “我看你对预习的积极性不高啊，你是觉得预习占用了玩耍的时间吗？”
- “跟爸妈说说，你觉得没必要预习的理由是什么。”
- “预习不会占用太长时间的，用十几分钟了解下即将要学习的内容，第二天听课的时候就会顺利很多，实际上是节约了时间。”
- “不要把预习想成是一件很复杂的事情，做到了解要学哪些内容就可以了。”
- “预习的时候能发现很多不懂的问题，你一定也想带着好奇心去听课吧？”

- “提前预习是一个好习惯，学会预习以后你的学习效率就会有所提高。”
- “正是因为你的学习情况不太好，基础薄弱，所以更要提前预习，这叫‘笨鸟先飞’。”
- “今天做完作业还有时间，你想用十几分钟预习一下明天的知识吗？”

父母告诉孩子预习的好处，孩子内心认同预习的作用，才不会排斥预习；父母还要告诉孩子预习要达到什么样的效果，孩子才能积极主动地预习。另外，父母要根据孩子的学习情况，比如时间、精力以及孩子对所学科目的基础情况，让孩子有针对性地预习，才能真正达到预习的效果和目的，孩子也会对第二天的听课充满期待。

及时复习，一个知识点也不漏

上完课后，孩子如果不及时复习，在课堂上学到的知识就会随着时间的流逝而被慢慢遗忘，等到要用或考试的时候，就会常常出现某个知识点似曾相识却怎么也想不起来的情况，导致的结果就是考试考不好，学了等于没学。孩子不及时复习，父母更是着急。

- “你成天就知道玩儿，怎么不想想哪门功课还需要复习一下？”
- “写作业之前要先复习，难怪你写作业速度慢！”
- “快考试了，都不知道复习一下吗？”

"你能保证复习一次就全掌握了吗？"

"能不能自己复习，不要什么都依赖爸妈吗？"

听到父母这样说，孩子会想："我本来想抽时间复习的，可被爸爸妈妈批评了，复习的心情都没有了。""我不想复习，反正爸爸妈妈每天都只看到我玩儿。""我不知道该怎么复习，又要多花好多时间。""复习了还是记不住，不如不复习。"可以看出，父母着急的情绪反而会加重孩子不想复习的心情。所以父母在提醒孩子复习前，不妨先找找孩子不喜欢复习、不能坚持复习的原因。一般常见原因有以下5点。

1 孩子感觉上课的时候已经学得很好了，没必要复习。

2 孩子觉得做作业就相当于复习，没必要再花时间做重复的事，多此一举。

3 孩子认为等考试前集中复习就可以了，每天复习很累、很麻烦。

4 孩子的复习方法不对，复习过后没几天就忘了，效果不好，所以不想复习。

5 孩子认为复习一次就算完成任务了，不能有规划地复习。

我们知道，孩子如果不主动复习或者依靠父母帮助，复习的效果往往不会很理想。想要让孩子自主复习，父母可以这样说：

- “如果不复习的话，我们在课堂上所学的知识很容易就会忘记。所以复习是非常有必要的，你也不想学了等于没学吧？”
- “写作业之前先复习，写作业时才能更快更轻松哦！”
- “考试前只能集中复习一部分知识，平时打好基础，临近考试时才不会‘临时抱佛脚’。”
- “复习要分多次，可不是复习一次就算完成任务了。”
- “睡前把当天所学的知识在脑海里过一遍，第二天会记得更牢哦。”
- “隔一段时间就要做全盘复习，那样学过的知识点才能一个也不漏下。”

“今天上课学的内容，你现在脑海里还有印象吗？要是有记不清的可以复习一下哦。”

“爸爸妈妈看到你最近都能很好地完成复习，值得鼓励，要继续保持哦！”

复习对孩子的学习有很大的帮助，父母要善于用积极的话语引导孩子，让孩子学会正确、有效地复习，从而慢慢养成自主复习的习惯。

处理学习中的小问题

有些孩子的自主学习能力比较差，写作业或是学习的时候，一遇到不会的题目、不懂的地方就会找父母帮忙。父母若时间充裕，还会耐心地帮孩子解答，可一旦很忙，就容易变得不耐烦：

- “你怎么这么笨，这么一点儿小问题都处理不好吗？”
- “你都这么大了，能不能自己想办法，没看到我正在忙吗？”
- “别烦我，自己的事情自己想办法！”
- “平时不好好学，现在遇到问题就知道问别人！”

孩子听到父母的抱怨，觉得自责又无助："平时都是爸爸妈妈帮忙解答，现在爸爸妈妈不想帮我了。""爸爸妈妈忙自己的事情，没时间管我。""题目有点儿难，我就是不会啊。""请爸爸妈妈帮忙解答问题也错了吗？"孩子以后遇到问题再想找父母帮忙时，就会想："要不要问爸妈，万一爸妈再对我发脾气怎么办？算了，还是先不问了，过一会儿再问吧。"这样就会导致孩子不敢问问题，遇到问题时就会选择逃避和放弃。

面对这样的情况，父母要想一想孩子为什么总是一有问题就向你们求助，从来不会自己思考。常见原因有以下3点。

1 平时孩子一遇到问题，父母就第一时间出现，有求必应。

2 孩子问问题，父母急着答问题，没有给孩子独立思考的时间。

3 父母习惯陪读，陪孩子写作业，帮孩子处理大大小小的问题。

所以，孩子总是依赖父母帮忙与父母平时的做法有密切关系。父母要反思培养孩子独立自主学习习惯的做法。父母如果正在忙重要的事情，要控制自己烦躁、不耐烦的情绪，先安抚孩子自己想办法，不要让孩子对向父母问问题产生排斥心理。父母可以这样说：

- “爸爸妈妈现在正在忙，一会儿忙完了再帮你解答，好吗？”
- “你可以先自己思考一下怎么解答，等一会儿爸爸妈妈再帮你解答，好不好？”
- “小问题要自己想办法解决，不能总依赖别人哦！”
- “爸爸妈妈相信你一定能想到解决方法的！”

另外，在孩子平时学习的过程中，父母要注意培养孩子自主学习、独立思考的能力，父母可以这样说：

- “放学后你先自己写作业，把不会的题目集中起来问，好吗？”
- “遇到比较难解的题目，你可以自己先花3分钟仔细分析一下，想一想用其他方法能不能解答，说不定仔细一看题，你会发现并不是那么难呢！”
- “自己解答出来的题目印象更深刻哦！”

在日常生活中，父母也要重视培养孩子自主学习的习惯。当孩子遇到问题时先别急着帮孩子解决，给孩子留出思考的时间，让孩子尝试自己想办法解决。孩子能够通过自己的思考和努力处理问题，才能真正学会独立。

自觉学习，学完就能快乐地玩

孩子贪玩，总是把时间花在玩耍上，只有在父母的督促下才能勉强学一会儿，父母一不督促，孩子就又跑出去玩了。当父母再次督促孩子学习时，孩子总是抱怨说还没玩够，这时父母就会很生气地说：

- “你怎么又在玩？赶快去学习！”
- “你怎么这么不自觉，一不留神又开始玩了！能不能管住自己。”
- “没学习就惦记着玩，玩的时候能开心吗？”
- “一天到晚就知道玩，什么时候能看见你主动学习？”

这样的话语带给孩子的感受是："爸爸妈妈不允许玩，整天就知道督促我学习。""我只不过玩了一会儿就被爸爸妈妈催。"孩子本来只是想玩一会儿就去学习，可被父母这么一催，孩子想学的心情都没有了，孩子会想："以后趁爸妈不在就多玩一会儿，反正他们总是催催催。"父母本来想提醒孩子学习，可是由于没注意沟通话术，反而使孩子滋生了逃避学习的心理。

其实，爱玩是孩子的天性，这本身没有错，而父母想要培养孩子自觉学习的习惯也是好的，只是需要注意方式方法。要想培养孩子自觉学习的习惯，父母首先要根据孩子的实际情况进行分析，通常孩子贪玩不能自觉学习的原因有以下4点。

1 孩子感觉时间很充裕，玩一会儿再学习也不迟。

2 孩子玩耍的心思重，认为先玩再学习，影响不大。

3 孩子习惯了被父母督促学习，父母管就学，不管就不学。

4 孩子的时间观念不强，爱拖延。

面对孩子不能自觉学习的情况，父母要学会控制自己，不要依靠催孩子来管教，更不要对孩子发脾气，以免把不好的情绪传给孩子，使孩子反感。父母要用正确的方法引导孩子，更要用正确的话语跟孩子沟通。

☆“学习的时候不可以边学边玩，否则学习效率可高不了哦！”

☆“如果学习时磨磨蹭蹭，那肯定要占用玩的时间。你一定不想一天到晚学习吧？”

☆“半小时前已经提醒过你先学习再玩了，但我刚刚看见你又在玩，这种不能管束自己的行为，要注意改正！”

☆“先学习再玩，这样玩的时候才能更畅快，不是吗？”

☆“我知道你也不想一边玩一边还想着学习，这样的感觉一定不好，对吧？”

☆“相信你不用爸爸妈妈监督，也能自觉学习，学完后就能快快乐乐地去玩耍啦！”

父母用亲切的话语，把认真对待学习的积极态度传达给孩子，孩子才能认同父母先学习再玩耍的建议，不把学习当苦差，自觉主动地学习，自由畅快地玩耍，这样有利于孩子的学习形成良性循环。

Chapter3

培养孩子自律学习的话术

制订一张学习计划表

很多孩子在学习时会出现这样的状况：心情好就学一会儿，心情不好就不学了；今天学一会儿，明天又不想学了；平时懒散拖延，等到快开学了才着急做作业。父母看到孩子对待学习没计划、没条理，看在眼里，急在心上，常常发牢骚：

- “你学习怎么总是磨磨蹭蹭的？这一天的计划都泡汤了！”
- “放学了就知道玩，都十点半了才写完作业，赶快去睡觉！”

“怎么学习的事情都要爸爸妈妈安排，能不能自己想着点儿？”

“星期六不先安排做作业，一到星期天就着急忙慌……”

“快开学了，假期作业看你什么时候做完。”

听到父母这样说，再加上堆积的功课，孩子是既无奈又懊悔：“早知道我就早点儿做作业了。”“早知道现在要加班加点地学习，我就不磨蹭了。”其实，孩子也不愿意拖拖拉拉、没条理地学习，只是苦于没有提前制订学习计划，没有形成好的学习习惯，导致在行动的时候总是出现各种各样的问题。

作为父母，发现孩子的学习习惯不好，就要根据孩子的学习情况来分析孩子学习无条理的原因，常见的原因有以下5点。

1 孩子的时间观念不强，认为时间无穷多，晚一点儿学习也没关系。

2 一到学习的时候就犯拖延症，不注意学习效率。

3 孩子的自制力差，一边学习一边想着玩。

4 孩子没有制订学习计划，对自己每天要完成的学习目标不清晰。

5 学习习惯不好，不是每天学一点儿而是把学习堆积到一起。

当孩子的学习出现自由散漫的状况时，父母要用引导式的话语提醒孩子；当孩子没有提前制订学习计划时，父母要引导孩子学会提前制订学习计划。父母可以这样说：

- “学习的时候要专心，你也不想返工浪费精力吧！”
- “今天你打算做哪些功课呢？我们制订一张计划表吧！”
- “先把这个时间段的学习计划完成，不然就会影响后面的计划哦！”
- “如果脑海中有很多计划，我们不妨把它们写在纸上，督促自己实施。”

“把你的计划列入表格里，你一定喜欢每完成一项在后面打‘√’的感觉！”

如果孩子能学会提前制订计划，他们的学习目标就会很明确，执行计划的时候就更有动力和方向。父母可以尝试和孩子一起制订学习计划，让孩子按照制订的计划执行学习目标，这有助于孩子养成良好的学习习惯。

执行计划会让孩子更自律

父母有时抱怨说，明明和孩子一起制订了学习计划，刚开始的时候孩子信誓旦旦，执行起来很积极，可没坚持多久，孩子的热情就减弱了，计划变成了一纸空谈。父母看着不执行计划的孩子，越想越生气：

- “你这孩子，制订计划的时候挺积极，现在这是怎么回事？”
- “制订的计划是摆设吗？赶快去学习！”
- “执行计划总是虎头蛇尾，我是没辙了。”
- “不按计划做，你说说你这一天都干了些什么？”

“制订了计划也不用，以后别浪费时间制订了。”

孩子听到父母的抱怨、看到父母无奈的表情，心里刚产生的愧疚感立刻变成了烦躁感：“这段时间怎么把学习计划忘在了脑后，真是不应该。”“我也想按照计划学习的，可是后来计划有变。”“我也不想这样啊，都怪有一个计划没完成，导致后面的计划全被打乱了。”“按照计划执行好痛苦啊。”

父母不妨先来分析一下孩子没能执行学习计划的原因。

1 制订的计划与孩子的实际情况不符，孩子后期执行起来感觉有困难。

2 计划有变，孩子没及时调整，父母也没发现。

3 有一个计划没完成，导致后面的计划全被打乱了。

4 某个阶段计划执行得不理想，孩子失去了信心。

5 孩子的自制力差，执行了一段时间不能坚持下去。

父母发现孩子不能坚持按照计划实施，或者发现孩子脱离了原定计划，可以尝试这样提醒和引导：

- “计划制订好了，接下来就看你的喽！”
- “按照计划学习，你会发现自己养成了好习惯。”
- “优秀的人都很自律，你一定想变成一个优秀的人吧？”
- “三分钟热度可不行，做什么事都要持之以恒才能看到成效。”
- “制订计划是为了提高你的自制力，爸爸妈妈相信你，加油。”
- “看看你的计划表，下一步要学什么？”
- “计划完成一半了，要再接再厉哦！”
- “是不是感觉执行计划有困难？不如我们一起找找原因，看看能不能适当调整一下？”
- “有计划没达成，不如暂时跳过，继续执行下一条，等腾出时间再去弥补。”
- “计划全部打乱了也没关系，我们取消原计划，重新制订新计划。”

让孩子制订学习计划只是开始，关键在于执行。孩子在执行学习计划的过程中，父母要用积极的话语不断鼓励孩子，并根据实际情况帮助孩子调整计划。孩子听到父母积极鼓励的话语，就会更有信心地执行计划，有效完成计划，从而养成良好的学习习惯。

今日事今日毕

有些父母总是会被孩子“明天再做吧”“还有明天呢”“今天来不及了，就不学了”类似的话语气得跳脚，于是忍不住训斥孩子：

- “明天还有明天，你别自欺欺人了！”
- “明天明天，又是明天，看你能拖到什么时候。”
- “你咋不把玩放到明天？我看你就是故意的吧！”
- “不想学习就直接说，不要找这么多借口！”

被父母训斥一番后，孩子既觉得委屈又感到莫名其吵："爸爸妈妈为什么总是这么暴躁？""我只不过今天没学习，明天补上不就好了吗？""至于这么着急吗？真是死板。""我没有说不想学习啊，爸爸妈妈总是不听我解释。"

孩子对待学习一点儿也不着急，常常不能当天的事当天完成，常见原因如下：

1 孩子觉得时间很充足，明天再学也一样，不会耽误事。

2 心里没有紧迫感，总是想着过一会儿再学，结果一直拖到一天结束也没学。

3 孩子学到一半时，被其他事情吸引，在其他事上花费了时间，等再学习时发现时间已经不够用了。

其实，孩子面对当天计划做的事情却没做完，心里多多少少也会产生懊悔的情绪，这时父母应温和地提醒孩子，而不是加以斥责。父母可以这样说：

- “把一件事情做完再去做另一件事情，不然就会形成‘半吊子’的坏习惯，做啥事都做不好，你说对吗？”
- “当天的任务当天完成，心里也会觉得很轻松，不是吗？”
- “俗话说‘今日事今日毕’，你今天的功课都做完了吗？”
- “今天的事今天完成，明天还有明天的事。你肯定不想错过更有趣的事情吧？”
- “明日复明日，明日何其多。与其拖拖拉拉，不如把今天的事情做好！”

父母都知道“今日事今日毕”有诸多好处，比如形成学习的良性循环、提高学习效率等，可大多数孩子都需要父母的引导才能产生自我要求的意识，所以父母要耐心引导，用温和的话语提醒孩子“今天的事今天做”，这样孩子才能更好地成长。

学会反思才能进步

孩子若缺乏反思的能力，不善于总结学习心得，就会常常犯同样的错误。父母每次看到孩子做过的题目又错了、刚改正的坏习惯又出现了，就会灰心丧气地说：

- “不是让你每天反思一下当天做得不好的地方，你怎么就记不住呢？”
- “每天睡觉前反思一下，有那么难吗？”
- “能不能反思一下自己的问题，不要找各种理由蒙混！”

“不会反思怎么能进步？你是觉得自己做的一点儿问题也没有了吗？”

孩子听了这样的话就会备受打击：“我怎么没有反思，爸爸/妈妈真烦人。”“我不知道该怎么反思。”“为什么要反思？我又没做错什么事。”“爸爸/妈妈就知道一天到晚没事找事。”孩子非但没有重视自我反思和总结经验教训，反而被父母的唠唠叨叨吓退，产生反感情绪。

我们可以先对孩子不会反思、不能积极思考做一下分析：

1 孩子认为出现错误很正常，改正就好了，用不着反思。

2 孩子觉得父母要求高，事多，小题大做。

3 孩子忽视屡次犯同样错误的严重性。

4 孩子认为小错误没必要反省。

5 孩子不懂得自我总结对自身成长的重要性。

孩子若不会思考、不擅总结，父母可以这样引导：

- “《论语》里说‘学而不思则罔，思而不学则殆’，古人都说要一边学习一边思考，我们也要养成经常反思的习惯呀！”
- “每天都要反思自己，想一想哪些是做得好的，哪些是做得不好的，保持好的表现，改正不好的表现，慢慢地我们就进步了，不是吗？”
- “常常反思自己的不足，想到了立马改正，我们就能比别人进步得更快！”
- “学会从自身找问题，你会发现很多事情都变简单了哟！”
- “想要让自己变得更好，就从自我反思和弥补不足开始吧！”
- “小错误也不能轻视哦！只有认真反思才能避免犯小错误。”

综上，孩子犯了小错误，父母要用恰当的话语让孩子对错误加以重视，还要引导孩子自己思考，总结经验教训，这样孩子才能深刻认识错误，不犯或少犯同样的错误。同时，父母要耐心指导，让孩子学会常常反思自己，发扬自己的优点，改正自己的缺点，这些都有利于孩子取得更大的进步，养成好的习惯。

Chapter4

辅导孩子认真写作业的话术

一写作业就要上厕所

要开始写作业了，孩子找借口说“我想上厕所”，结果却趁着上厕所的工夫玩儿；终于开始写作业了，可还没写几分钟，孩子又说“憋不住了，我要上厕所”，面对孩子的要求，父母既生气又无奈：

- “不做作业就没事，一做作业就要上厕所，你是故意的吧！”
- “怎么一做作业，你就这么多事？”
- “就给你三分钟时间，快去快回！”
- “也没见你喝水啊，我看你就是不想写作业吧！”

“每次都是一样的借口，不行！”

孩子借上厕所逃避写作业，无非是想能拖一会儿是一会儿，父母如果用拆穿孩子谎言、拒绝孩子要求等话语回应孩子，非但不能让孩子乖乖坐下来写作业，反而会加重他们的叛逆心理。父母可以试着从孩子的角度，想一想他们总是逃避写作业的原因。

1 孩子存在侥幸心理，想着等一会儿爸妈忙其他事情就忘记催促写作业了。

2 基础知识不扎实，感觉做作业是件困难的事情。

3 作业太多，需要花费很长时间，孩子有抵触情绪。

4 孩子做作业时心理压力大，一听到要写作业就会产生应激反应。

要想改变孩子畏惧、逃避写作业的心态，父母不妨学会和孩子面对面地沟通：

- “五分钟后开始写作业，现在赶快去上个厕所吧！”
- “专心写作业的时候突然想上厕所了，会延迟完成作业的时间，对不对？”
- “你打算几点开始写作业呢？”
- “写作业是自己的事情，如果你想等一会儿再写也可以，但一定不要把其他事耽误了。”
- “踏实坐下来写作业，爸爸妈妈就在旁边看书陪着你，你遇到难题可以随时找爸爸妈妈解答。”
- “如果现在开始写作业，一会儿就能有自由活动的时间；如果现在磨磨蹭蹭，那一会儿的活动时间就少了哦！”
- “你认真写完作业，爸爸妈妈一会儿陪你一起玩游戏，好不好？”

父母的话语很大程度上决定了孩子对待写作业的态度。父母用温声细语加以引导，能让孩子从逃避写作业到不反感写作业，慢慢地，孩子发现写作业并没有想象中那么困难和煎熬，自然而然就会改掉一写作业就想上厕所的坏毛病。

抱怨作业多，无从下手

有的孩子不想做作业，总是抱怨作业太多了；有的孩子面对各科作业时，不知道怎么安排，耗费了很长时间还是没做完。这时父母就会不分青红皂白地说：

- “都几点了，怎么这么晚作业还没做完？”
- “别的同学都没抱怨作业多，怎么到你这里就做不完了？”
- “真不知道你是怎么想的，你不会先把作业做完再背诵吗？”
- “让我说你什么好呢？明天老师要检查的作业你没做，反倒先做周末作业！”

孩子听到父母的指责，本来焦躁的心情变得更加沮丧了：“作业这么多，我怎么知道从哪里下手。”“要是在做作业之前想一想先做哪科就好了。”“本来作业多已经很烦了，还要被爸爸妈妈唠叨。”“我就是想先做语文作业，忘记老师说明天检查数学知识了。”“数学作业比较难，我本来计划先把难的题目做完，谁知道花了这么长时间。”

作业没在预定时间内做完，孩子心里也一定很着急，所以父母在唠叨孩子之前，不妨先想一想孩子感觉作业多、做作业不能合理安排先后顺序的原因。

1 孩子的基础知识不扎实，觉得做作业有点儿难，所以总觉得作业非常多。

2 孩子不能根据作业的重要程度安排先后顺序，比如先做了不紧急的作业，而把紧急的作业置后做。

3 孩子不能根据作业量安排时间。

4 孩子原定计划是先做较难的作业，但做较难作业时耗费了太多时间，再做其他作业时已经没时间了。

面对孩子作业总是做不完，对着作业发愁的情况，父母先要调整好自己的情绪，要做到提醒孩子根据作业的重要程度安排先后顺序，父母可以这样说：

- “开始做作业前，要先理清今天所有的作业有哪些，不要有遗漏。”
- “做作业前，要先分一分哪些作业最紧急，哪些作业次要紧急。”
- “理清了所有的作业之后，可以先估计一下完成所有作业需要的时间。”
- “想一想哪些作业比较难，可以排在后面做哦。”
- “想一想哪个科目的作业比较多，试试能不能分批分量来做。”
- “通常可以先做同类型的作业，再做其他类型的作业哦！这样就避免了写作业的过程中浪费时间。”

孩子听到父母认真有条理的分析，就会愿意接受父母的建议，学会在做作业之前先排序，这样不仅能轻松、高效、高质量地完成作业，还能培养好的学习习惯，父母也能轻松很多。

总请文具来“开会”

有的孩子在写作业时总是找东找西，不是削铅笔就是找橡皮，要么就是找其他文具，一刻都停不下来，根本不能把心思全部放在认真写作业上，这时父母就会不耐烦地唠叨：

“磨磨蹭蹭干什么呢？什么时候能写完作业？”

“每天都让你把文具整理好，每天都不听，用到的时候就找不到了吧！”

“真是笨死了，就不能在写作业前把文具都准备好吗？”

☆“一写作业就找东西，我看你就是不想写作业吧？”

父母的这些话语带有责备和抱怨的情绪，孩子听了只会产生反感的情绪：“我就是找不到文具啊，没有文具怎么写作业？”“爸妈总是什么事情都怪我。”这样孩子不仅不会理解父母希望他专心写作业的想法，还会觉得父母啰唆，对待写作业更没耐心了。

其实孩子写作业时总是找东找西，是有原因的：

1. 孩子粗心大意，在生活、学习中不在意细节，比如遗失文具却没发现。
2. 孩子平时不注意及时收纳，物品用具总是很凌乱。
3. 孩子没有养成在做作业前准备所需文具的习惯。
4. 孩子写作业时，注意力不集中，容易被小事情分散。
5. 孩子觉得写作业有点儿难，借找文具拖延。

针对这些原因，父母可以通过观察孩子的日常习惯，对孩子写作业时总是找东找西的情况给予指正。父母可以用这样的话术来引导孩子：

- “爸爸妈妈看你总是在写作业的时候找文具，你注意到了吗？”
- “是不是在写作业的时候遇到了难题？要是有困难一定要找爸爸妈妈帮忙，知道吗？”
- “试着想一想，要是把时间都耽误在找东西上，那写作业的时间是不是要延迟了呀？”
- “如果做作业前把要用的文具都准备好，在做作业的时候就能立刻找到，是不是很方便？”
- “把用完的文具及时收纳起来，统一放在固定的地方，这样下次再用的时候就能马上找到，对不对？”
- “写作业前先准备好要用的文具，实际上是节约了时间，你也想高效完成作业，然后开心地去玩，对吗？”

父母用引导的方式，让孩子真正意识到自己写作业时的不好表现，孩子才愿意听父母的建议，按照父母的建议培养做作业前准备文具和及时收纳文具用品的好习惯，进而能够认真、专心地写作业。

一遇到难题就着急

孩子在写作业的时候，遇到难解的题目就皱眉，越着急越不会，结果用了很长时间还做得乱七八糟，这时父母也会跟着着急：

- “说你笨你还真是笨，这么简单的几道题都不会吗？”
- “早干吗去了，上课没听懂不赶紧问，现在啥都不会！”
- “着急有什么用？有不会做的题能怪谁？”
- “又要靠爸妈帮助了，能不能让我们省点儿心？”

以上话语传达出父母不耐烦、着急的情绪，孩子听到后会变得更加消极："别人都说简单的题目我咋就解答不出来，是不是我脑子太笨了？""我上课明明认真听了呀，可就是不会做。""爸爸妈妈以前都很耐心地帮我解答，现在为什么要发脾气？"事后，细心的孩子会有这样的思考："现在发现其实这些题目也不是很难，如果做作业的时候不那么着急，可能解题就会很顺利。"

由此看来，孩子在做作业的时候由于畏难心理反而会变得紧张，影响思绪，更难解答出来。孩子变得紧张着急，具体原因有以下4点。

1 孩子想到还有很多作业要做，越想着快点儿完成反而越无法正常思考。

2 孩子以为课上都听懂了，但做作业时才发现没理解透彻。

3 题目确实有点儿难，需要集中时间耐心解答，孩子的时间和精力不足。

4 孩子思维僵化，学过的知识不能活学活用、举一反三。

当父母看到孩子为作业愁眉不展时，不妨这样对孩子说：

- “别着急，作业都要一点点做，谁也不能不费吹灰之力就做完了。”
- “别紧张，你不会做的题目说不定别的同学也不会呢。”
- “难解的题目更需要花时间一步一步解答。”
- “有不会做的题，可以翻开课本看一看，复习很重要哦！”
- “时间还很充足，放轻松，你能解答出来的。”
- “爸爸妈妈就在旁边，实在不会，我们和你一起想办法。”
- “如果作业题目确实有点儿难，我们也可以选择先放一下，明天去请教老师！”
- “今天把会做的题目都做好已经很棒了，先去休息，说不定明天精力充足，你就会豁然开朗呢！”

孩子做作业正在犯难时，如果父母给予其贴心安慰，就能化解他们紧张、着急的情绪，他们就能安下心来，运用所学的知识和自己的智慧，一步一步化解难题，这也有助于培养孩子面对困难沉着冷静的品性。

写作业越来越磨蹭

有些孩子写作业时会有这样的表现：刚开始写作业时很积极，可写着写着就没劲了，然后越写越慢，越写越累，到最后常常潦草收场。这时父母就会忍不住唠叨：

- “刚开始还好好的，怎么越写越没劲了呢？”
- “不就写个作业嘛，看把你给累的！”
- “就不能坚持一下吗？连个作业都做不利索！”
- “你到底是怎么回事，越到后面越磨蹭，接下来不用干别的事情啦？”

孩子听了父母的唠叨和指责，感觉是有苦说不出：“我这么辛辛苦苦地写作业，还要被爸爸妈妈唠叨。”“写作业好累，要是能休息一会儿多好。”可是父母却没能理解孩子的想法和感受，没发现孩子写作业越来越没动力的真正原因：

1. 作业比较多，孩子写作业耗费了很多精力，身体感到很累。
2. 孩子一直不停地写作业，中间没有休息，大脑感到疲乏。
3. 孩子写作业缺乏积极性，对作业内容不感兴趣。
4. 孩子做作业的精力分配不合理，写一会儿作业玩很长时间，导致后面写作业没了精力。

当父母发现孩子写作业越来越慢、拖拉时，要做的事情不是唠叨孩子、嫌弃孩子效率低，而是应帮孩子找到好的方法，比如用番茄时间管理法，把时间做合理规划，做到劳逸结合，这样孩子写作业才不会感觉累。父母可以这样说：

- “作业写得慢是不是遇到什么问题了，需要爸爸妈妈帮忙吗？”
- “写完一科作业就站起来活动一下身体，换一换脑子，这样做下一科作业时头脑能更清楚。”
- “定个番茄钟，写25分钟作业，休息5分钟，你想试试这个方法吗？”
- “你知道吗，对作业内容感兴趣能减少疲劳感哟！”

父母用以上话语和孩子沟通，孩子写作业的时候就知道要用科学的方法，避免因疲劳而产生厌烦写作业的情绪。孩子写完作业，不仅达到了巩固知识的目的，还能从做作业中获得成就感，从而更好地学习。

偷抄答案，不动脑思考

有的孩子写作业时懒得动脑筋，但又想快点儿完成作业，就趁着父母不在身旁，偷偷翻开答案，直接誊抄；有的孩子做作业时一遇到解答不出来的题目，就着急看答案。被父母发现后，免不了一顿训斥：

- "小小年纪就学会抄答案啦？怎么好的不学？"
- "你怎么这么懒？长脑子是干吗用的？"
- "你觉得抄答案是很光荣的事吗？怎么没有一点儿羞耻心呢？"

孩子被父母劈头盖脸一顿训斥，一时觉得羞愧：“太尴尬了，被爸爸妈妈发现了。”“以后还是不要抄答案了，真丢人。”一时又觉得气愤：“爸爸妈妈至于这么凶吗，不就看了一眼答案嘛。”孩子被父母用不恰当的语言批评后，难免会滋生反感情绪，不利于孩子认识抄答案的危害，以致无法改正。

父母可以分析一下孩子偷抄答案的原因：

1 孩子没有认识到抄答案带来的危害，也没有正视写作业的意义。

2 孩子认为抄一次、两次答案没关系。

3 孩子看到别的同学抄答案，自己也想偷懒。

4 作业题目确实有一点儿难度，孩子不愿意花时间思考。

父母发现孩子有偷抄答案的行为，正确的做法应该是制止，并认真、严肃地告诉孩子抄答案带来的危害，父母可以这样说：

☆“抄一遍答案，脑子不思考，那下次遇到同样的问题还是不会啊！”

☆“写作业的目的就是巩固所学知识，抄答案还不如不写，对不对？”

☆“抄答案会让人养成依赖的坏习惯，你想想如果没了答案，你怎么办？”

☆“即便答错了，但是动脑筋思考过，就能知道错在哪里，如果直接抄答案，那什么也记不住，是不是？”

☆“用自己的大脑想出来的答案，可比抄答案好太多了！”

父母耐心地把抄答案的危害告诉孩子后，孩子认识到抄答案的危害，自然愿意接受父母的忠告，改掉抄答案的坏毛病。

写作业小错不断

有些父母在帮孩子检查作业时，常常会被孩子作业本或习题册上接二连三出现的错误气得发抖。通常这些错误都是一些小小的失误，不是漏写标点就是忘写符号，要么就是写的字缺一笔短一画。这时父母通常会忍不住训斥一番：

- “我看你就是故意在气我吧，你自己看看你忘了写啥？”
- “你能解释一下这一个、两个的小错误是怎么回事吗？”
- “你这是着急着干吗去？写出这样不用心的作业！”

“要我说多少遍你才能记住，做完作业为什么不先自己检查一下？”

“你说说你这小错不断，什么时候才能交一份令人满意的作业呢？”

父母用以上这种带有指责和批评的语气和孩子沟通，孩子听了不会想为什么总是犯小错误，只会被父母的情绪吓到，从而会有这样的感受：“又犯错了，大错误挨批评，小错误也要挨批评。”“爸爸妈妈总是要求完美，我是不是做不到。”父母本来可以借着孩子犯小错误的时候及时让孩子发现并订正，可因为一时生气反而错过了让孩子改正小错误的好机会。我们来分析一下孩子总是小错不断的原因：

1 孩子做作业不认真，忽视细节问题。

2 孩子常常一边玩一边做作业，注意力容易涣散。

3 家长对孩子要求严格，孩子越紧张越容易在细节上犯错。

4 孩子过于自信，认为题目简单，不用心做。

5 孩子觉得题目烦琐，懒惰心理作怪，应付作业。

想让孩子不犯小错误，父母就要善于抓住机会，可以用如下话术引导他们改正：

- “犯这样的小错误真是不应该啊，如果能仔细一点儿就更好了。”
- “小错误不断却不重视，早晚会变成大错误，你也不想犯大错误吧？”
- “你想想考试的时候因为小错误丢了分是不是很可惜？”
- “爸爸/妈妈已经第二次发现你犯不该犯的错误了，千万不要轻视这种小错误呀！”
- “别大意，潦草应付最容易出错。”
- “如果没有这些小错误那就完美了，你下次不会犯了，对吗？”
- “做作业的时候要集中注意力，这样能避免犯不该犯的小错误哦！”

父母若用上述话术跟孩子交流，孩子就不容易产生反感情绪，反而能真正发现自己究竟错在哪里，还会认识到因为粗心、毛躁而犯小错误真是不应该，从而严格要求自己，杜绝出现小错不断的情况。

Chapter5

教孩子轻松记忆的话术

背得快忘得快

孩子在学习中常常会出现这样的情况：明明背会了的课文没过几天就又忘得差不多了，学了后面的课文又忘了前面的课文。这时父母就会责问孩子：

- "前几天不是背会了吗？这么快就忘啦？"
- "学了后面忘了前面，你这还真是金鱼的记忆啊！"
- "背会了也要常常巩固，一看你就没复习！"
- "你说你的心思都在哪里，这么点儿课文内容也记不住吗？"

父母的这些话语或多或少带有责备、疑虑的情绪，孩子听了可能会这样想：“我明明记住了，现在只是一时想不起来了。”“背课文太痛苦了，我就是不想背。”“以后都不背了，反正记住了也会忘。”父母的话不但没有激发孩子认真背诵的信心，反而让孩子产生了放弃的心理。其实，父母可以尝试分析一下孩子记得快忘得也快的原因：

1 孩子对记住的课文没有及时进行复习，没有形成长期记忆。

2 孩子死记硬背，并不理解要记住课文内容的真正意义。

3 孩子在好奇心的驱使下能快速形成短期记忆，但好奇心消失后，记住的东西很快就会忘记。

4 孩子因为紧张一时想不起来。

根据以上分析，父母可以结合孩子平时的表现，尝试这样跟孩子进行沟通：

☆“没事，忘记是正常的事情，每个人都会忘记。但是我们可以温故而知新。”

☆“爸爸/妈妈知道，背得快忘得也快，你也很着急，对吧？”

☆“别紧张，一时忘记了也没关系，再读一读，很快就会想起来的。”

☆“忘记是因为没及时复习，所以我们要抽出时间来复习啊。”

☆“当天背会的内容，在第二天、一周后、两周后、一个月后要抽出时间来复习。”

☆“背诵的时候要深入理解，这样能记得更牢固。”

在遇到孩子背课文记不住、记得快忘得快的情况时，父母不要着急，要先找到孩子背课文忘得快的原因，然后引导孩子放松焦躁的情绪，带着愉快的心情背诵或记忆，这样孩子背课文的效果会好很多。当然，家长也要教给孩子一些记忆方法，比如定时复习、理解记忆等。

死记硬背古诗词

有些孩子背古诗词全靠死记硬背，父母若问孩子背的古诗词是什么意思，孩子则一脸懵圈，好像能懂一些却又说不全面，这时父母也会感到茫然，于是说：

- “你这古诗是咋学的？背会了却不理解。”
- “连古诗讲了什么内容都不知道，你怎么这么笨呢？”
- “看你背诵挺积极，可光背会了啥也不懂有什么用！”

以上话语难免会打击孩子背古诗词的积极性，孩子会产生这样的感受："大家不都是这样背古诗的吗？""古诗不是背会了就可以吗，为什么要问我不知道的。""我理解一些内容，可是要说出全部的意思有点儿困难。"孩子有这样的感受也是正常的，我们可以分析一下孩子只会背但不理解古诗词的含义的原因：

1. 古诗词朗朗上口，孩子熟读几遍就能轻松记住，可是没有理解古诗词的含义。
2. 孩子背古诗时没有了解诗人创作的背景，所以不能深入理解古诗词是如何创作的。
3. 孩子背诵古诗词没有全面理解诗词所表达的意思，所以看似背会了，但很快又会忘记。
4. 孩子没有巧妙的记忆方法，很费力地背会了，可是没有定时复习，过一段时间就很容易忘记。

当孩子靠死记硬背背诵古诗词时，父母可以这样引导：

- “死记硬背可不行，我们先来通读几遍怎么样？”
- “古诗词朗朗上口，平仄押韵，多读几遍感受一下意境。”
- “先别着急背诵，我们来了解一下这首诗的作者怎么样？”
- “背诵古诗前，我们先通过找资料来看看作者生活的年代。”
- “了解作者创作的意图，能有助于背诵哦！”
- “背古诗要一句一句认真读、仔细品，才能理解每个字的含义。”
- “想要背得牢靠，就要认认真真理解每句诗的意思。”
- “一边背古诗，一边根据古诗的内容，把想象到的画面画在纸上。将画出来的各个场景联系起来，这首诗也就印在脑子里了，是不是？”

父母用以上话术跟孩子交流，孩子就不再会觉得背古诗是件困难的事情。当孩子背得快记得牢时，就更加激发了他学古诗词、背古诗词的信心。这样孩子就能学到更多的古诗词，从而丰富孩子的文学素养。

英语单词记不牢

有些父母总是为孩子记不住英语单词而发愁——一遍一遍地读单词，但是一到听写的时候，不是拼写不出来就是丢字母，父母对此常常忍不住发脾气：

- “你怎么这么笨呢？这么简单的单词都记不住。”
- “这个单词就几个字母，怎么一到听写就不会了呢？”
- “背个单词有这么难吗？为啥到你这里总是混淆！”
- “这个字母发音不对，怎么总是记不住！”

当孩子听到父母带有指责性的话语时，就会变得更加气馁：“可能我不适合学单词，索性放弃好了。”“本来我就记不住，爸爸妈妈还要批评我。”“这几个单词太相似了，不能怪我记不住。”当孩子这样想时，他学英语背单词的积极性就会大大降低，往后的学习就会变得越来越难。其实，孩子记不住单词，常见原因有以下3点。

1 孩子在学习了一些知识后才开始记单词，这时大脑已经产生疲劳感，记单词比较吃力，而且记住的单词很容易忘记。

2 孩子的基础比较薄弱，有些单词的发音掌握得不好，所以记忆和拼写时总是出错。

3 孩子没有认真记忆，只是会读了，但总是和相似的单词混淆。

所以，父母发现孩子在背单词时总是记不住、容易混淆时，可以根据以上分析找找原因，并这样引导孩子背单词：

- “先别着急背单词，我们可以对着图片理解单词哦！”
- “背单词是为了更好地学习英语，方便以后交流，你一定也想拥有一口流利的英语吧！”
- “你知道吗？早上大脑清爽，背单词更快哦！”
- “可以在你想背单词的时候背，这样记忆时就能更积极主动。”
- “边记边写有助于记忆哟！”
- “在背单词前，可以把容易混淆的单词单独择出来，找到容易与之混淆的单词进行对比记忆，这个方法很不错哦！”

孩子听到父母这样带有鼓励的话语，内心不仅不会再抗拒背单词，还能激发他们学习英语的热情，带着积极主动的心情去学习英语，这样学英语背单词就不再是难事。父母还要经常鼓励孩子，看到孩子有进步表现，比如勤奋背单词、发音很标准等，就要给予赞扬，让孩子充满自信地学英语。

数学公式记不住

有些孩子做数学练习题时，总是一边做题一边翻开课本看，父母问孩子为什么总是翻课本，孩子回答在找数学公式。父母一看挺简单的公式，孩子没理由记不住，于是就说：

- “你这是怎么学的，这么简单的公式都要看书吗？”
- “这么简单的公式都记不住，以后学更难的咋办？”
- “你不会先复习一下，再做题吗？”
- “公式也不难理解啊，一看就是没用心学。”

虽然父母说的可能正是孩子学习时出现的问题，可是孩子一时间听到父母的话，并不会认真想说得对不对，他们可能只会说：“对于您来说挺简单，可对于我来说就是记不住嘛。”“爸爸妈妈一批评人就用‘以后’来吓唬人，我现在不是在学习呢嘛！”父母的话只会使孩子产生反感情绪，孩子一时听了可能没放在心上，可是再翻书找公式或例题时，脑中就会浮现爸爸妈妈不满意的话语，自主学习的心情就会受到影响。

所以，父母正确的做法应该是先了解孩子为什么记不住，在哪些环节出了问题。

1 孩子只是对公式运用得不够熟练。

2 孩子记的公式不准确，想通过翻书确认是否正确。

3 孩子没有用心记，只记得学过但忘了具体特征，等到要用的时候才想到翻课本。

父母不要一看到孩子有不符合自己想法的行为，就开始纠正孩子，不妨先仔细观察、深入了解孩子这一表现的原因，然后再引导：

- “我看你好几次都在看课本上的公式，你是没记住吗？”
- “你觉得这些公式有点儿难记，是吗？”
- “数学公式里的数字或符号总是记不住，对吗？”
- “对于理解了但还不能熟练运用的公式，可以统一记在一张纸上，方便查看。”
- “那些不容易理解的公式，可以多记多用，熟能生巧！”
- “记公式不要死记硬背，可以结合实例来记呀！”
- “有些题目需要把公式反过来用，所以不能认死理，要学会活学活用，举一反三。”
- “要尽量把问题想得简单，想一想怎么套用公式才能解出答案。”

父母这样说，孩子不仅能够意识到自己还没熟练掌握数学公式的运用，还能认真听取父母的建议，用正确的方法来记住公式，并通过反复运用、练习，最终熟练地掌握公式。

Chapter6

让孩子考试不焦虑的话术

提前备考，做好准备

快考试了，看着孩子一点儿备考的打算都没有，对于相对较弱的科目，孩子也不知道复习，这时父母就会忍不住催促：

- “马上就要考试了，也不知道复习复习。”
- “这一天天的就知道玩，也不知道为考试做做准备！”
- “看你一点儿紧张的情绪都没有，是保证能考好吗？”
- “你看别的同学都在忙着备考，你心可真大啊！”

父母本来想激励孩子备考，可非但没成功，反而激起了孩子的反感情绪：“距离考试不是还有一段时间吗，等快考试了再复习也来得及。”“一天到晚就知道催，爸爸妈妈就会瞎着急。”“老拿别人说事，烦不烦。”可见，父母不恰当的话语，容易让孩子产生疲沓的情绪，不愿意花精力备考。所以父母在劝孩子备考前，不妨先分析一下孩子不想备考的原因：

1 孩子爱拖延，认为到考试前复习也来得及。

2 孩子认为自己学得很好，基础知识牢固，不用复习。

3 孩子怕累，不想花时间和精力复习。

4 孩子认为备考不重要，自认为能轻松应对考试。

根据以上分析，父母可以这样对孩子说：

- “马上要考试了，你有什么计划吗？”
- “快考试了要收收心，适当备考很有必要哦！”
- “时间过得很快，等到考试前再复习就来不及了，你认为呢？”

- “回顾一下你哪一科还没学扎实，哪个科目的基础比较薄弱，抓住重点有针对性地复习也是可行的。”
- “有点儿紧张感是好事，有压力才有动力嘛！”
- “临时抱佛脚的心态要不得，咱们稳扎稳打不是更好吗？”
- “考试前再努力一把，考试的时候更多一分把握，是不是？”
- “再坚持一下，考前每一分努力都不会白费！”
- “不要盲目自大，即使觉得考试很有信心也要保持谦虚。”

父母若用以上积极的、正面的话语进行引导，孩子就能够耐心听父母的分析，认为父母说的对自己非常有帮助，从而虚心接受，认真做好备考计划，并积极努力地复习，为考试好好做准备，这样父母也能省心不焦虑。

轻松点儿，放下考前焦虑

临近考试，有些孩子会感到焦虑：行为上表现为一会儿忘了这件事，一会儿又忘了那件事；心理上则表现为“要考试了，可是我还没有复习好。”“考试之前生病了怎么办？”“考试的时候想上厕所怎么办？”当孩子陷入这样纷杂的思考中时，情绪就容易变得焦躁，生怕考试的时候出现一点儿差错，这时父母往往会不假思索地说：

- “哪有那么多事儿？你别想那些没用的！”
- “你怎么毛毛躁躁的，考试前丢三落四的毛病什么时候能改一改。”

“你长点儿心好吗？多注意一下不就好了嘛！”

“一临近考试就焦虑成这个样子，你的心理素质也太差了吧！”

这样明显带有不耐烦情绪的话语，孩子听到会变得更加沮丧：“我也不想这样啊，可就是控制不住瞎想。”“爸妈也不安慰我，总是数落我。”“我心理素质这么差，考试一定考不好。”如此，孩子焦躁的情绪非但没有缓解，反而加重了，非常影响考试前的情绪。这一定不是父母想要看到的，父母一定希望孩子的情绪能稳定下来，专注为考试做准备。

所以，父母要想缓解孩子的焦躁情绪，就要先了解导致他们焦虑的原因：

1 孩子过分重视考试结果，害怕考试时因为一点儿差错导致考不好。

2 因为紧张而无法集中注意力，所以总是一会儿忘这儿一会儿忘那儿。

3 孩子敏感多思，思考得多，行动得少。

面对孩子考前紧张、总是丢三落四的情况，父母可以采用这样的话术：

- “放松下来，你就是想得太多了，心烦则乱。”
- “胡思乱想的时候就暗示自己：立刻行动起来！”
- “丢三落四的毛病可要不得，它往往让小事演变成大事，得不偿失，你说对不对？”
- “没事没事，把想到的事一件一件做好，这样出现意外的概率就变小了，你说是不是？”
- “越到快考试时越要冷静，这样在面对突如其来的变化时，才能保持头脑清醒，你说对吗？”
- “放松一点儿，你已经做得很好了！”
- “越到考试的时候越要放松心情，带着愉快的心情去考试，好吗？”
- “考试一方面是考验学习知识，一方面是考验心理素质，你一定能轻松应对的！”

父母若用以上话语引导孩子，孩子就会放下焦虑，把注意力转移到为考试做准备上来。孩子也能学会调整自己的情绪，以后在遇到着急、重要的事情时也能从容应对，这也是父母要注意培养的。

别紧张，考试需要冷静

马上要考试了，孩子常常会出现这样的状况：明明学会了的知识因为一时紧张全忘了。孩子的心情变得更加糟糕："考试的时候什么也想不起来，这可怎么办。"父母本来想帮孩子调节情绪，可常常说不到孩子心里去：

- "有什么可紧张的，自己调节一下就好了！"
- "你的心理素质可真差，一到考试就紧张成这个样子！"
- "紧张有什么用，越紧张越考不好！"
- "再这样下去，就别去考试了！"

孩子在紧张的情绪下，本希望能得到父母的安慰，可听到父母这样不耐烦的话语，紧张的情绪非但没有缓解，反而更加不知所措了："一到考试就紧张，我也不想这样的。""爸爸妈妈看起来也很焦虑，帮不到我。""我没法控制自己紧张的心情。""我的心理素质太差了，以后是不是什么事情也做不好。"孩子原本只是紧张的情绪升级成了焦虑、不安、消极，非常影响他们的心理健康。

对此，我们可以先来分析一下孩子一到考试就紧张的原因：

1 孩子把考试想象得很可怕，一到考试就容易产生紧张情绪。

2 孩子没有自我调节情绪的方法。

3 孩子以前考试的时候因为紧张而没考好，受这种不良情绪的困扰。

针对以上分析，父母如果想要帮助孩子调节紧张情绪，则可以尝试这样说：

- “我知道你现在有点儿紧张，你可以和爸爸/妈妈说说你的心情，这样可以缓解一些哦！”
- “放松些，起来活动一下，呼吸呼吸新鲜空气。”
- “做一些别的事情，分散一下注意力就好了。”
- “没事的，你只是因为一时紧张而忘记知识的，冷静下来就好了。”
- “把考试想象成小测试，就没那么紧张了。”
- “考试的时候出现紧张心情，就在心里默念：‘不紧张，不紧张，我可以，我能行’。”
- “考试中紧张的时候就深吸一口气，再慢慢地呼气，这样可以让自己冷静下来哦！”
- “别担心，你的基础知识牢固，这只是小考而已，你一定能轻松应对的。”

考试前紧张是大多数孩子都会出现的问题，如果孩子不能很好地进行自我调节，父母就要耐心开导。这时候父母要平心静气地和孩子分析为什么会紧张，为什么会害怕考试，让孩子不安、焦虑的心情得到缓解，也要鼓励孩子相信自己能轻松应对，这样孩子才能做好自我调节，用平和冷静的心态去应对考试。

没关系，成绩下降了可以追赶

孩子考试没考好，看到自己的成绩不如其他同学，心里就会感到十分着急，害怕落后。这时候，很多父母不知道该怎么劝孩子不要焦虑，也不知道该怎么勉励孩子继续努力，他们可能会说：

- “让你平时不把学习放在心上，成绩下降了吧，被别人赶超了吧！”
- “成绩最能反映努力程度，一看你最近就没好好学习，成绩下降了能怪谁？”

- “成绩下降了能怨谁？谁让你考试前不抓紧时间复习！”
- “都怪你平时学习不用功，所以成绩才会下降这么多！”
- “平时让你多花点儿时间学习，你不听，这下好了，成绩下降了吧！”

以上话语带有责备、奚落的情绪，孩子本来还有进取心，被父母这么一通数落，焦虑的情绪非但没有得到缓解，反而产生了消极的情绪：“我也没想到成绩会下降这么多啊，早知道提前复习一下了。”“考得不好我也很难过啊，爸爸/妈妈怎么就会批评人。”“我落后了心里也很着急，爸爸妈妈怎么不帮我想想办法呢。”

可见，有进取心的孩子非常希望父母能够耐心地和他们一起探讨弥补的方法。通常，造成孩子成绩下降、名次下滑的原因有以下4点。

1 孩子前一段时间学习不用功，知识掌握得不牢固。

2 孩子考试前没认真复习。

3 孩子考试前作息不规律，影响了发挥。

4 孩子骄傲自大，以为自己基础好，对学习满不在乎。

结合以上几点原因，父母可以通过和孩子沟通，分析孩子成绩下降的真正原因，并进一步让孩子意识到问题所在，父母可以这样说：

- “没关系，成绩下降了认真反思，下次追回来就好了！”
- “成绩下降一定有原因，我们来认真分析下，总结经验教训。”
- “考试失利很正常，不要因为一次没考好就灰心丧气。”
- “这次成绩下降很多，你有没有仔细思考总结一下呢？”
- “考得不好，名次也下滑了，你心里一定很沮丧吧？之后一定要加把劲儿哟！”

☆“没关系，接下来的时间好好努力，成绩是可以追回来的！”

☆“考试不一定是为了取得名次，只要这次比上次有进步，就很棒了！”

父母善意的提醒能让孩子意识到自己在哪些方面疏忽大意了，从而认真吸取经验教训，在接下来的时间里用功学习。同时孩子也不会滋生由学习成绩、考试名次所带来的虚荣心，能端正学习的态度，踏实而认真地学习。

Chapter7

让孩子摆脱学习困扰的话术

孩子不想去学校

生活中，父母常常会遇到孩子不想去学校的情况，当父母问起原因时，孩子会编出各种各样奇怪的理由，比如“学校的老师太凶了”“在学校没有一个好朋友”等等。父母用尽浑身解数又劝又催，可孩子就是无动于衷。这时父母就会发脾气：

- “你这孩子，哪来的这么多乱七八糟的理由？”
- “少废话，赶快给我上学去！”
- “不想上学，你想干嘛？长大了肯定没出息！”

“听话，爸爸妈妈辛辛苦苦赚钱供你上学，都是为了你好。”

“去不去上学可由不得你，必须去！”

以上话语传达出了父母对孩子既无奈又埋怨、强制性的情绪，给孩子的感受往往是：“爸爸/妈妈不愿意了解我的情绪，爸爸妈妈不爱我。”“爸爸妈妈总是把‘为了你好’当口头禅。”甚至还会让孩子产生逆反情绪：“爸爸妈妈真讨厌！我就不去上学。”

通常来说，孩子不想去学校的原因有以下6点。

1 孩子感觉在家里轻松又舒适，不愿意离开熟悉的环境。

2 孩子在家里习惯被长辈照顾，自主能力不强。

3 孩子感觉学校既陌生又规矩多，难以适应新环境。

4 孩子在学校不愿接触新朋友，没有找到能玩到一起的小伙伴。

5 孩子在学校遇到了困难，不想去面对。

6 孩子心情不好，不想去学校。

当孩子找各种理由不想去上学时，父母不要把无奈的情绪转化为着急地催孩子、焦虑地劝孩子。要知道无效的催促和劝告都是徒劳的，正确的做法应是父母先控制好自己的情绪，根据实际分析的原因逐一帮孩子打开心结，父母可以尝试这样说：

- “爸爸妈妈白天要去工作，也会离开家，你已经到了上学的年龄，白天应该去学校学习，等晚上回到家，我们一起说说这一天各自的感受，好不好？”
- “学校是学习的地方，也是交朋友的地方，学习遇到困难就和好朋友说说，而且和好朋友一起学习也是一件开心的事呢！”
- “到了学校，你可以认识好多好多新朋友哦！”
- “在学校可以和小伙伴们一起玩游戏，比如丢沙包、老鹰捉小鸡……”

- “去学校能学到很多新知识，回来讲给爸爸妈妈听，好吗？”
- “如果不去学校，你只能一个人待在家里。你想一个人待在家里吗？”
- “记得上次老师还表扬你很聪明呢！”

父母的话语中带着鼓励、赞美的词语，才能传达给孩子积极、正面的感受。这样孩子才会打开心扉，放下排斥的心理，并试着勇敢地去面对困难，开开心心地去学校，去尝试认识新朋友、接触新事物、学习新知识。孩子逐渐告别依赖父母的心理，其适应能力也就提高了。

不能因为不喜欢某一科就不学

随着学习进程的推进，孩子接触到的课程也越来越多，有的父母发现孩子在学习或做作业的时候，对于自己喜欢的科目就感觉轻松、愿意花时间去钻研，对于自己不喜欢的科目就用的时间少、拖拖拉拉。这时父母就会开始紧张，甚至焦虑地对孩子说：

- “你这孩子，小小年纪就偏科了？”
- “能不能对××课上上心，再这样下去肯定不行！”
- “你能不能把学语文的时间分一点儿到学数学上来？”

听到父母这样说，孩子本来想学习的心情被打消了一大半，人也会变得消极、懈怠："我好好学习也不对吗？""爸爸妈妈真爱瞎操心，我没有不喜欢上××课啊！""数学有点儿难，就是不太喜欢学数学。"

如果父母总是对孩子发牢骚，只会加重孩子的心理负担，让孩子对学习渐渐失去兴趣。父母正确的做法是通过细心观察，看看孩子不喜欢学某个科目的真正原因，通常有以下5点。

1. 孩子不喜欢这个课的代课老师，觉得老师讲课无趣。
2. 孩子对这个科目不感兴趣，觉得知识深奥难懂、枯燥无味。
3. 孩子的学习方法不正确，不知道该从哪里学起。
4. 孩子这门课程的基础相对薄弱，听课时常常遇到听不懂的状况。
5. 孩子对学习这门科目产生了厌烦、恐惧的心理。

面对以上情况，父母首先要克服自己紧张和焦虑的情绪，不把负面情绪传给孩子，可以尝试用这样的话语帮助孩子：

- “其实每位老师讲课都有自己的特点，上课的时候除了学知识，还可以发现老师讲课风格的不同，这也是一种学习哟！”
- “平时可以问问同学是怎么学某个科目的，互相交流一下学习方法，尝试改变自己的学习方法也很不错哦！”
- “××课其实没有你想象得那么难，上课认真听，课后多做几道题就会了。”
- “这个科目很有趣，比如你喜欢的××就很喜欢学这个科目，你也一定能学会的。”
- “在课上，你能学到很多关于生活方面的知识，你一定很想了解吧？”
- “你想想你是怎么学自己喜欢的科目的，用这样的热情去学其他科目，一点点小困难不算什么！”

父母若用以上话语跟孩子沟通，能够激发孩子的学习兴趣，让孩子认真对待每门学科，对自己喜欢的学科更加热爱，把之前不喜欢的学科当成兴趣慢慢培养，从而可以避免孩子出现偏科，影响孩子的综合学习。

粗心大意的毛病要不得

有些孩子在做题的时候常常粗心大意，不是写字的时候写错偏旁部首，就是做数学题的时候算错、漏做、看错运算符号，这时候父母总是会被孩子气得抓狂，说出一些气话：

- “你这孩子做题的时候在想什么，这么简单的题都能算错！”
- “这一看就是粗心大意，但凡仔细点也不会错！”
- “这个字是你自己造出来的吗？能不能用心一点儿？”

“粗心大意的毛病不改，考完试后就会‘哎呀’一声！”

“你这成天马马虎虎的，以后能做成什么事！”

孩子每次听到父母的唠叨，其实并没有放在心上，等到考试以后发现自己因为粗心而丢了分，才会后悔地说：“真是不应该，要是仔细一点儿就不会丢分了。”“我太马虎了，这个毛病真要不得。”可是当孩子认识到错误的时候，往往已经形成了粗心的坏习惯。导致孩子粗心的原因有以下5点。

1 孩子有着急做完事情的心理，行动上就会敷衍了事。

2 孩子没有认识到粗心大意会带来危害。

3 孩子不爱学习，学习效率低，看似在学习其实心不在焉。

4 孩子的学习状态不好，精力不集中，所以总是出错。

5 父母总是说孩子不细心，让孩子产生了逆反心理。

我们已经知道粗心大意会带来很多不好的结果，所以一定要在孩子刚出现这些问题的时候提高警惕，当然不是通过随意地发脾气让孩子注意起来，而是可以通过如下话语和孩子沟通：

- “这几道题都错了，你能说一说为什么会错吗？”
- “是不是最近学习太累了？”
- “做题、学习的时候是不是总想着去玩儿？”
- “现在不改正粗心大意的毛病，将来就可能养成不好的习惯。你一定不想有令人讨厌的坏习惯吧？”
- “本来能考高分，却因为粗心大意而白白丢了分，你也不想考得不好吧？”
- “粗心大意的毛病要不得，现在因为粗心做错题，将来就可能因为粗心办错事，带来不可弥补的过失！”
- “爸爸妈妈相信你不会再犯这么低级的错误了。”
- “如果总是因为粗心而犯错，那就是愚蠢了。”

孩子听到父母这样说，不仅能深刻意识到一时粗心可能带来的危害，更愿意吸取教训，听父母的话，有意识地改掉马虎大意的坏毛病，以后不管是学习还是做事都能认认真真、踏踏实实。

反复犯同样的错误

有些孩子在做题的时候，常常会出现这样的状况：同一个知识点的问题错了一次又一次，甚至是一模一样的题目反复错。可孩子不仅没有吸取教训，反而不以为意，这时候父母就容易气不打一处来，大发脾气：

- “你怎么就不长记性呢？这道题前两天刚做过！”
- “这个知识点反复强调了多少遍，你怎么还是不会呢？”
- “老是犯同样的错误，你到底是怎么回事！”
- “你做题不用脑子思考吗？”

“我告诉你啊，你要是再犯同样的错误，就别学了！”

可以看得出，父母为孩子总是犯同样的错误而担心、焦躁，但是无论怎么发脾气都解决不了问题。其实，孩子也不想总犯同样的错误，每次被父母批评，孩子也会感到无比羞愧，甚至感到恐慌，这并不利于他们改正错误。导致孩子常常犯同样错误的原因通常有以下4点。

1 知识点对孩子来说有点儿难，超出了孩子的理解水平。

2 孩子对知识点似懂非懂，理解不透彻。

3 孩子缺乏反思能力，做错的题目不主动反思总结，不找原因，所以总是错了一遍又一遍。

4 父母辅导孩子做作业时总是很严肃，孩子为了尽快逃离这种氛围，选择不懂装懂。

由此可见，孩子反复犯同样的错误却没能吸取教训，是有一定原因的。所以父母看到孩子总犯同样的错误，一定要先控制好自己的情绪，试着用合适的话术让孩子认识到自己犯了不该犯的重复错误，并认真和孩子分析犯同样错误的原因。父母可以用如下话术：

- “我发现你总是在这个知识点上犯错，是因为这个知识点太难了吗？”
- “同类型的题目做过一遍肯定有印象，你是因为心急没看清楚题目的要求吗？”
- “为什么总是犯同样的错误呢？是没有理解知识点吗？”
- “是不是做题的时候精力不集中，注意力分散了？”
- “总是犯同样的错误不好，我们一起来找找犯错的原因，好吗？”
- “把做错的题誊抄在错题本上，多看多练，这样可以加深印象，保证不再犯同样的错误。”
- “人可以犯错，但不能总是犯同样的错误，知道吗？”

父母用提醒、建议的方式，和孩子一起分析原因、找方法，可以让孩子真正意识到犯重复错误的危害，加以重视并改正。父母千万不要用大吼大叫的方式让孩子提高警惕，这非但不起作用，反而会让孩子因为紧张、害怕而说谎，不懂装懂，以致总是犯同样的错误。

别让电子游戏偷走孩子的时间

有的孩子喜欢打游戏，常常一玩起来就忘了学习，父母看到就急忙催促，可孩子总会说“再玩5分钟，5分钟后肯定去学习。”可事实上孩子玩了一个5分钟又一个5分钟，等玩够了才发现学习的时间已经很少了。这时候父母就会把所有的怒气都撒到孩子身上：

- “你这孩子说好了就玩一会儿，怎么这么不自觉呢？”
- “你要是能把打游戏的热情用在学习上，早就出息了！”

“你现在正是好好学习的年纪，一天到晚就想着打游戏，真是没救了！”

“真不知道这游戏有啥好玩的，白白浪费了大把时间。”

“时间都花在打游戏上了，做不完功课怪谁？”

其实，在不影响学习的情况下，让孩子偶尔打打游戏也是一种放松的方式，但如果他一天到晚就想着玩，把时间和精力都浪费在研究如何打游戏通关的事情上，那父母就要提高警惕了。父母如果发现孩子有玩游戏上瘾、推脱学习的状况，就要留心观察孩子的表现，探究他们不喜欢学习却痴迷游戏的原因，常见原因有以下5点。

1 孩子在学习上遇到了困难，却没有能力解决困难。

2 孩子的朋友、同学或家人也沉迷打游戏。

3 父母不关心孩子，不重视孩子的学习。

4 亲子关系不和谐，父母总是批评、责骂孩子。

5 孩子自律性差，一玩游戏就上瘾，游戏时间过了，但认为再玩一会也没关系。

孩子正处在成长阶段，应该以学习知识为主，但是孩子因为年龄小、认知不全面，无法约束自己的行为，这就需要父母正确引导，同时也要注意说话的语气和方式，比如父母可以这样说：

- “宝贝，玩游戏的时间结束了，快去做功课吧！”
- “说话可要算数，5分钟后立刻停止玩游戏，你能做到吗？”
- “要是不控制玩游戏的时间，那做其他事情的时间就会被占用。”
- “无规矩不成方圆，学习的时间就认真学习，玩的时间就轻松玩，不能随便打乱哦！”
- “如果把时间都用在打游戏上，那学业是不是就要荒废了？”
- “你觉得打游戏比学习知识、做作业更重要吗？”

☆“学到新知识能获得长久的快乐，而打游戏带来的快乐只是短暂的。”

☆“学生应该以学习为主，业余时间打打游戏，你觉得爸爸/妈妈说得对吗？”

☆“我们去玩其他好玩的游戏吧！”

孩子听到父母充满耐心又很有条理的话，就会认真反思，并意识到打游戏并不是非常重要的事情，把时间和精力都用来玩游戏真的很不应该，从而愿意接受父母的建议并积极改变，把注意力放在学业上，投入更多的时间和精力去专心学习，并且养成珍惜时间、合理利用时间的好习惯。

Chapter8

激发孩子课外学习的话术

培养孩子读课外书的习惯

在周末或假期，孩子有充裕的时间读课外书。可是有的孩子不喜欢读书，对课外书一点儿都不感兴趣，当父母提醒说“快去看会儿书吧”，就翻开看了一会儿就又跑去玩了，这时父母就忍不住说：

- “叫你读会儿课外书，就是装装样子吗？”
- “让你读书你不读，一到写作文的时候就犯愁！”
- “给你买了这么多课外书你都不看，真是浪费钱！”
- “这么好的时间不读读课外书，一天天的就知道玩！”

刚开始被父母催着读书时，孩子可能会觉得有些愧疚：“居然没想起来要看课外书，真不应该。”可听到父母说一些消极的话，孩子反倒会产生更加不爱读书的想法：“课外书有什么好看的，我就是想玩。”“不买课外书就不买，我还不想看呢。”其实孩子不爱读课外书，是有原因的，常见的有以下4点。

1. 父母不爱读书，却常常要求孩子读书，孩子反感父母的唠叨。
2. 孩子对父母所选的课外书不感兴趣。
3. 孩子没有养成读课外书的习惯。
4. 孩子觉得玩比较轻松，没有感受到读课外书的乐趣。

我们知道课外阅读不仅能让孩子学到更多的课外知识，丰富孩子的认知，还能培养孩子的文学素养，提高孩子的写作文水平，让孩子的课余时间充实而有趣。但是如果孩子没有养成课外阅读的习惯，并不真正热爱读书，父母靠催着哄着让孩子读书，效果往往不好。所以，家长在平时就要注意培养孩子的课外阅读习惯，在日常生活中或节假日提醒孩子阅读时，可以用下面的话术：

- “你是不是想去玩，那玩一会回来看半个小时的书，好不好？”
- “怎么看了一会儿就不看了，是不是对这些书不感兴趣？”
- “你是不是不喜欢爸妈唠叨你，那你自己要记得抽时间多看书哟！”
- “看课外书能够丰富知识，你也想成为一个知识渊博的人吧？”
- “多看点儿书，等到写作文的时候就能‘肚里有货’哦！”
- “多读课外书，脑子里就能有知识，和大家交流的时候也能侃侃而谈，是不是很棒？”
- “把你从书上看到的有趣的内容讲给爸爸妈妈听好吗？”
- “这本书真的超级有趣，你想听我讲讲吗？”

“爸爸妈妈陪你一起看书，一起学习好多知识，好不好？”

孩子听到父母这样说，其读书的积极性自然而然就提高了。父母和孩子一起阅读，更能激发孩子阅读的积极性。父母和孩子分享阅读感受，孩子也愿意把看到的有趣知识说给父母听，并向父母请教不懂的地方，这样孩子就能从阅读中真正获得乐趣。

多积累，写作文时不发愁

有些孩子一到写作文的时候就开始犯愁，左想想右想想，就是不知道该怎么下笔，父母看到孩子一脸愁容，就会忍不住抱怨：

- “让你平时不好好看书，到写作文的时刻就见水平了吧！”
- “爸爸/妈妈每次提醒你写日记、记录感想，你都不愿意写，没有积累肯定写不出来！”
- “看你写个作文真费劲，平时背的优美词句都哪里去了？”

“写个作文有这么难吗？真不知道该怎么说你。”

孩子听到父母的话，写作文没思路的烦恼非但没有得到解决，心情也变得不好了：“爸爸妈妈就会马后炮。”“早知道应该多读点儿书。”“不知道该怎么写，怎么写也写不好。”孩子刚想到的思路又断了，从而变得更加焦虑。孩子有时可能还会遇到这样的情况：写作文的时候想用几个优美词语或引用名人的经典语录，可是怎么也想不起来。孩子就会疑惑：“积累的那些词句一到关键时刻怎么就想不起来了？”“平时学的成语、谚语怎么用才恰当？”父母可以想一想，孩子写作文犯愁无非有这些原因：

1 孩子平时阅读少，写作文的时候没有思路。

2 孩子是为了写作文而写，不知道要表达怎样的思想。

3 孩子不知道怎么开头，感觉怎么开头都不好引出下文。

4 孩子不注重积累优美词汇，写作文的时候常常觉得词穷。

5 孩子学优美词句的时候没有认真赏析，所以记不住、不会用。

当孩子写作文陷入困境时，家长不妨这样引导：

- “爸爸/妈妈看你犯愁好半天了，起身活动活动，过一会儿再想。”
- “观察一下周围的情境，说不定就有思路了。”
- “一时想不出来也没关系，灵感总是在不经意间迸发的。”
- “放松下心情，心情好了，思路就顺畅了。”
- “试着想一想作文的主题是什么，围绕主题展开就不会跑题，你说呢？”
- “写作文前想好要表达哪些思想，表达所思所想是不是很有趣？”
- “把自己记住的优美词汇用在作文恰当处，能起到锦上添花的效果哦！”
- “平时可以多读读老师推荐的优美文章！”

“认真品味优美的语句，不用背也能轻松印在脑海中，你想试试吗？”

听到父母这样说，孩子紧张的心情可以暂时放松下来，他们不仅不会排斥写作文，还能带着愉快的心情认真构思，在写作文的时候尽情发挥。孩子作文写得好时，父母也要用优美的话语鼓励孩子，这样孩子写作文的积极性才能更高。

做思维游戏题，激发孩子爱动脑的兴趣

业余活动时间时，有些父母想锻炼一下孩子的思维能力，就找了一些思维游戏题带着孩子做，可是孩子若做不出来，觉得没意思不想做了，父母就会说：

- “你这孩子，怎么还输不起呢？”
- “这么简单的题都不会！”
- “你这脑子就应该多做做思维游戏题！”
- “抽出时间陪你做思维游戏题，你还不愿意，真是费力不讨好！”

显然，孩子已经不想继续做思维游戏题了，父母如果再这样说，只会增加孩子的厌烦情绪，孩子就很容易产生“再也不想做这种费脑子的题目了”“这么难又无趣的题目我才不想做呢”“做这些题目真是浪费时间”等想法，这样孩子就失去了一种培养和锻炼思维能力的方式。其实，不是孩子不喜欢做锻炼思维的题目，而是父母没有找到正确开启玩思维游戏的方式。所以父母不妨先来分析一下孩子不愿意做思维游戏题的原因：

1. 孩子当时想去玩别的游戏，不想做思维游戏题。
2. 孩子做作业已经有点儿累了，想去休息一会儿。
3. 孩子对父母选的题目不感兴趣。
4. 孩子觉得题目有点儿难，做了几道都不会，自信心受到了打击。
5. 孩子懒得动脑筋，不愿意思考。

所以，父母要想开发孩子的智力，培养孩子的逻辑分析能力，就要广泛地找不同类型的思维游戏题目，用充满热情的话语引导孩子玩，这样才能吸引孩子的注意力。当孩子没耐心玩时，父母还要耐心地跟孩子进行沟通，比如可以用如下话术：

- “怎么做了几道题就不想玩了，是不是感觉有点儿难？”
- “你是不是不喜欢这种类型的思维游戏？那我们换一种类型的好不好？”
- “思维游戏能帮助你开发智力哦！”
- “做思维题可以锻炼我们的逻辑思维能力，你一定也想成为一个更聪明的人吧？”
- “经常玩思维游戏，可以让大脑运转得更快哟！”
- “这么有趣的题目，你不想挑战一下吗？”
- “你很聪明，这么简单的题目肯定难不倒你！”

如上，父母用充满趣味的话语积极引导，孩子对思维游戏题自然而然就产生了好奇心，注意力也很容易被题目吸引。父母用话语鼓励孩子，孩子遇到不会做的题时也不会产生厌烦情绪，相反，他们会积极主动地和父母一起开动脑筋思考，在玩游戏中获得快乐。

培养才艺，丰富孩子的生活

有些家长看到别人家的孩子会跳舞、会唱歌，或者会别的什么才艺，就会对比自己的孩子。当发现自己的孩子什么才艺也不会，还什么也不想学，不愿意吃苦时，就会对孩子说：

- “你看看人家××，会唱歌、会跳舞，你看看你啥也不会！”
- “你说说你什么才艺也没有，还不愿意吃苦，你说说你能干啥！”

“你一天到晚就知道玩，啥时候能积极地学点儿才艺。”

“你学习一般，也不努力学才艺，长大了能干什么？”

以上话术都带有强烈的指责意味，容易让孩子产生非常不自信的心理：“我是不是一无是处，一点儿优点也没有？”“我学习也不好，也没啥才艺，将来没法在社会上生活。”孩子一旦这样想，往往就容易陷入自卑的情绪中，如果长时间得不到调节就会变得消极，对什么事情都提不起兴趣来，对孩子的身心发展就会很不利。

所以，父母在说教之前，也要多想想孩子缺乏才艺的原因，常见原因如下：

1 孩子学习已经很辛苦了，没有时间学才艺。

2 受家庭条件所限，不允许孩子学更多的才艺。

3 父母一厢情愿地让孩子学他们认为好的才艺，而孩子对其一点儿兴趣也没有。

4 孩子还没有找到真正喜欢的才艺项目，对目前所学的才艺抱有应付的心理。

5 孩子不愿意吃苦，学习才艺没有持久力。

根据以上分析，父母应针对孩子的情况，耐心地进行引导，可以用如下话术：

- “你是不是觉得学习已经很累了，没有必要再学其他的？”
- “你是不是不喜欢爸爸妈妈帮你选的这个才艺项目？”
- “你是不是害怕辛苦，担心坚持不下来？”
- “我们利用假期学一些才艺，你觉得好吗？”
- “学习一门艺术需要非常努力，继续加油哦！”
- “学习不同的才艺，能够让我们的生活变得丰富多彩，不是吗？”
- “学好跳舞，能让身材保持得很好哦！”

- “学好唱歌，参加班级表演活动时就会更自信，同学们也会更喜欢你！”
- “学一项才艺，然后报名参加联欢活动，你一定会喜欢在舞台上自信表演的感觉。”
- “你可以说一说自己想学的才艺！”
- “只要是你喜欢的才艺，爸爸妈妈一定会支持你的！”

父母抛开与别人家孩子比较的虚荣心，用鼓励的话语引导孩子，常常关心孩子的学习状况，用行动积极支持孩子，孩子才能更有信心、更有动力地去学习各项才艺，并且会在学习的过程中不怕辛苦、不抱怨，持之以恒。这样，孩子不仅会变得越来越自信，他们的生活也会变得更充实丰富。